ISBN : 978 2 7470 1465 6
Dépôt légal : septembre 2004
Loi 49 956 du 16 juillet 1949 sur les publications destinées à la jeunesse
Imprimé en Italie

Bruno Muscat • Manu Boisteau

Tous les enfants ont des droits !

BAYARD JEUNESSE

Tous les enfan
ont des
droits !

Avant-propos

Cher lecteur !

Beaucoup d'enfants ne savent pas qu'ils ont des droits ; beaucoup d'adultes ne le savent pas non plus.

Pourtant, il est important de les connaître. Cela permet à tous, petits et grands, d'aider les autres – ceux qui ont moins de chance que toi et ceux qui ignorent leurs droits. Il y a des enfants qui vivent dans des pays en guerre ou dans des pays si pauvres qu'ils doivent travailler au lieu d'aller à l'école. Par chance, ce n'est pas ton cas, même si certains enfants, en France aussi, sont loin de vivre dans le bonheur.

Connaître ses droits permet aussi de grandir dans une plus grande sécurité : la loi explique ce qui est interdit, et elle est faite pour te protéger. Ainsi, tu te sentiras moins fragile par rapport aux autres, et tu sauras réagir si tu as des ennuis.

Voilà pourquoi ce petit livre pourra t'être très utile. Il te guidera dans un grand nombre de situations.

Claire Brisset

Aujourd'hui, plus de trois milliards d'enfants
vivent sur notre Terre.
Parmi eux, des millions souffrent de la faim,
sont privés d'école et de soins médicaux,
subissent des mauvais traitements ou ne sont
tout simplement pas écoutés, aimés et respectés ;
cela se passe à l'autre bout du monde,
mais aussi parfois tout à côté de nous…

Pourtant, comme les adultes, les enfants ont des droits !

En 1989, l'Organisation des Nations Unies,
qui regroupe la plupart des pays du monde,
a rédigé une liste de ces droits.
C'est la Convention Internationale des Droits de l'Enfant.
Par ce texte, 191 membres de l'Organisation
se sont engagés à respecter et à protéger
tous les enfants du monde.
Seuls les États-Unis et la Somalie
ont refusé de le signer pour l'instant…

Quels sont ces droits ?

La Convention Internationale
des Droits de l'Enfant est un texte très long.
Elle comprend 54 articles.
Ce livre te présente les dix droits les plus importants.

N°1

Le droit d'être aimé et respecté

Tu as le droit de vivre entouré de gens
qui t'aiment et qui s'occupent bien de toi.
Ce sont tes parents et ta famille,
mais parfois aussi d'autres personnes,
qui ont dû les remplacer.

**Tout le monde – même tes parents,
tes frères et tes sœurs –
a le devoir de respecter tes sentiments,
ton intimité et ce qui t'appartient.**

Dans le monde, plus de 120 millions d'enfants vivent sans famille, dans les rues des grandes villes, livrés à eux-mêmes. En Inde, au Brésil ou en Russie, ces enfants survivent en bandes et constituent des proies faciles pour des adultes qui leur veulent du mal.

N°2

Le droit à l'égalité

Que tu sois une fille ou un garçon,
que tu sois handicapé ou en bonne santé,
quelle que soit ta religion, la couleur
de ta peau ou la langue que tu parles,
tu as les même droits
que tous les autres enfants !

Dans de nombreux pays d'Afrique ou d'Asie, ce n'est pas facile d'aller à l'école quand on est une fille ! En effet, trop de parents préfèrent réserver l'instruction aux garçons et garder les filles à la maison pour qu'elles aident aux travaux des champs ou aux tâches ménagères.

TOUS DIFFÉRENTS, TOUS ÉGAUX.

N°3

Le droit d'être soigné

Si tu te blesses ou si tu tombes malade, on doit s'occuper de toi.

Si ton état le nécessite, tu as le droit de voir un médecin ou d'aller à l'hôpital. Tu as aussi le droit aux médicaments et aux vaccins dont tu as besoin.

Plus de 32 000 enfants meurent chaque jour de maladies que l'on pourrait facilement éviter ou que l'on sait soigner. Un enfant sur cinq dans le monde n'est pas vacciné contre la rougeole, la tuberculose ou le tétanos, car les pays où ils vivent sont trop pauvres pour acheter les vaccins.

N°4

Le droit d'avoir une identité

À ta naissance,
on doit te donner un nom et un prénom.

C'est obligatoire pour que tu puisses ensuite aller à l'école, être soigné et vacciné et avoir des papiers d'identité.
Tu as aussi le droit d'avoir une nationalité.
C'est très important, car ainsi il y aura toujours un pays qui aura le devoir de t'accueillir et de te protéger.

En Bolivie, un pays d'Amérique du Sud, un enfant sur deux n'est pas déclaré à sa naissance. À cause de cela, il n'a pas le droit d'aller à l'école, d'avoir accès à des soins médicaux, et il ne pourra sans doute pas voter quand il sera grand parce qu'il n'aura pas de papiers.

N°5

Le droit d'aller à l'école

Tout enfant a le droit d'apprendre à lire, à écrire et à compter.

Dans le monde, un enfant sur six travaille au lieu d'aller à l'école. Ce n'est pas normal !

Quand on sait lire et écrire, il est plus facile de prendre sa vie en main. Ainsi, on peut apprendre un métier qui nous intéresse et comprendre ce qui se passe autour de nous.

Au Mali, un pays d'Afrique, seul un enfant sur sept à la chance d'aller à l'école. Les autres ne sauront jamais bien lire, écrire ou compter. Ils ne pourront jamais lire un journal pour s'informer ou étudier pour apprendre un métier qui leur plaît.

N°6

Le droit d'avoir à manger

Tu as le droit, comme tous les enfants,
de manger à ta faim
et de boire de l'eau potable
qui ne te rendra pas malade.
Tu dois pouvoir bénéficier d'une alimentation suffisante, saine et équilibrée, qui te permettra de bien grandir.

Il n'y a pas qu'en Afrique que les enfants souffrent de la faim... En France aussi, il arrive que certains élèves soient privés de cantine parce que leurs parents ne peuvent pas la payer. Ces enfants ne mangent souvent pas à midi et ne font qu'un repas, le soir.

N°7

Le droit de donner ton avis

Même si tu es encore un enfant,
tu as le droit de dire ce que tu penses,
en classe et dans ta famille.
Les adultes doivent t'écouter avant de prendre des décisions importantes qui te concernent.

Si tes parents divorcent, tu peux demander à parler au juge avant qu'il ne décide chez lequel de tes parents tu vas aller habiter. Le juge a le droit de refuser ton choix, mais il a le devoir de t'écouter...

N°8

Le droit d'être protégé de la violence

Personne n'a le droit de te battre, de te maltraiter, d'utiliser ton corps, de te racketter ou de t'insulter.

Où que tu habites, tu as le droit de vivre en paix, à l'abri de la violence. Personne n'a le droit non plus de t'obliger à faire la guerre ou à la subir.

Il y a encore dans le monde plus de 300 000 enfants soldats, et il faut que ça cesse ! Au Myanmar (ancienne Birmanie), au Congo, au Soudan et dans bien d'autres pays, des adultes forcent des enfants à porter les armes et à se battre. Ce sont souvent d'ailleurs les premières victimes des combats…

N°9

Le droit de ne pas être exploité

La place d'un enfant est sur les bancs de l'école,
et non dans les champs, dans une usine ou au fond d'une mine...
Même si tes parents sont très pauvres, personne ne peut t'obliger à travailler, surtout si c'est un travail dangereux et pénible.

Plus tard, à 16 ans, tu seras peut-être apprenti. Dans ce cas précis, ton patron devra obéir à des règles très strictes.

Au Pakistan, des enfants tissent des tapis dès l'âge de huit ans. Ils sont très appréciés, parce que leurs petits doigts leur permettent de nouer facilement la laine. Dans d'autres ateliers, des enfants sont employés pour fabriquer des ballons de football ou des chaussures de sport...

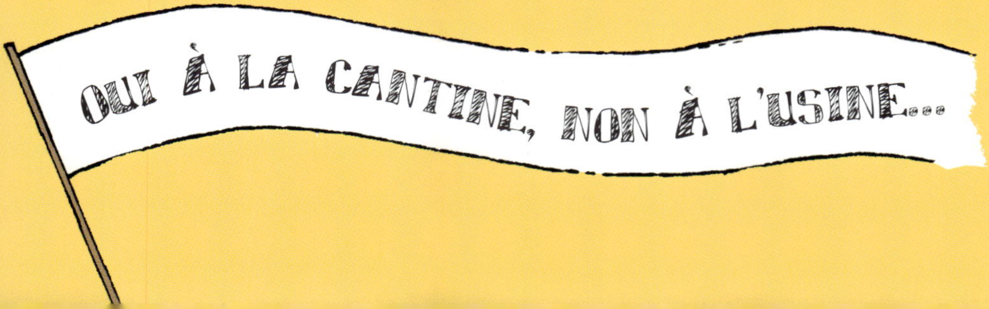

N°10

Le droit de rêver, de rire et de jouer

Parfois, certains adultes oublient que tu es encore un enfant...

Comme tous les enfants, tu as le droit de jouer, de rire et de rêver, parce que tu as encore tout le temps de devenir un adulte !

Les vacances, c'est indispensable pour bien grandir ! Il n'y a rien de mieux pour prendre un grand bol d'air, se faire des nouveaux amis et oublier la grisaille des villes. Pourtant, en France, plus d'un enfant sur trois ne part jamais en vacances...

Hélas, les droits des enfants ne sont pas toujours respectés, même dans les pays riches. En France, il y a aussi des enfants qui souffrent et qui ont du mal à se faire entendre...

C'est pourquoi de nombreux pays ont nommé des personnes chargées de faire connaître et respecter ces droits.
Il y en a 40 dans le monde, dont 20 en Europe.
En France, cette personne s'appelle la défenseure des enfants.

Qui est la défenseure des enfants ?

La défenseure des enfants s'appelle Claire Brisset.
Elle a été désignée par le Président de la République et le Premier ministre en l'an 2000 pour six ans.
La défenseure des enfants ne dépend de personne et elle peut agir en toute liberté.

Tout enfant de moins de 18 ans a le droit de faire appel à la défenseure des enfants s'il pense que ses droits ne sont pas respectés.
Pour cela, il lui suffit tout simplement de lui écrire pour lui expliquer sa situation.

Que fait la défenseure des enfants ?

Elle aide les enfants qui en ont besoin

Avec son équipe, la défenseure des enfants étudie
soigneusement tous les courriers qui lui sont envoyés.
Elle vérifie tout d'abord les faits racontés par les victimes.
Puis elle essaie de trouver des solutions avec leurs parents,
le tribunal, l'école ou tout autre organisme
pour améliorer leur situation et résoudre leurs problèmes.

La défenseure vérifie si les droits sont bien appliqués partout.
Elle vérifie si les droits sont bien respectés
dans tous les lieux où il y a des enfants :
les écoles, les hôpitaux, les foyers, et même les prisons...

Si ces droits ne sont pas respectés,
elle le signale au gouvernement ou aux institutions
concernées et elle propose des solutions
pour faire changer les choses.

Elle propose de modifier les lois

La défenseure des enfants peut proposer de voter
ou de modifier des lois pour qu'elles protègent
davantage le droit des enfants.
Parfois, il n'est pas utile de changer les lois,
il suffit simplement d'aider les gens
à changer leurs habitudes pour que ces droits
soient mieux pris en compte...

Elle fait connaître les droits des enfants

Tout le monde ne connaît pas les droits des enfants.
C'est pour cela que la défenseure essaie
d'en informer aussi bien les adultes que les enfants.

Pour cela, elle parle aux journalistes et édite
des dépliants, des brochures et des affiches.
Elle participe tous les ans, le 20 novembre,
à la Journée nationale des droits de l'enfant.
Ce jour-là, elle remet un rapport au
Président de la République sur les problèmes
rencontrés et les solutions qu'elle propose.

Comment contacter la défenseure des enfants ?

Écris-lui à l'adresse suivante

Mme la défenseure des enfants
104, Bd Auguste Blanqui
75013 Paris

ou envoie-lui un e-mail au site internet :
www.defenseurdesenfants.fr

N'oublie pas de donner dans ta lettre ton nom, ton adresse et ton numéro de téléphone pour que la défenseure et son équipe puissent te contacter.

En Belgique, le défenseur des enfants s'appelle le Délégué général aux droits de l'enfant de la communauté française de Belgique.

Tu peux lui écrire au

11, rue de l'Association,
1000 Bruxelles

ou envoyer un e-mail en allant sur son site :
www.cfwb.be/dgde

Les numéros qui font du bien

Voici deux numéros de téléphone très utiles.

En cas d'urgence, si tu es victime de violences et de mauvais traitements, ou si tu penses que quelqu'un autour de toi en est victime, tu peux composer le 119.

Tu y trouveras 24 heures sur 24 quelqu'un pour te conseiller et pour t'aider.

En cas de racket à l'école, tu peux appeler S.O.S. Violences Scolaires au 0 810 55 55 00.

LES PETITS LIVRES POUR COMPRENDRE LA VIE

la collection

5,50 € et 6,90 € l'unité